W0040574

Thich Nhat Hanh

Mutter – das erste Wort für Liebe

Thich Nhat Hanh

Mutter –
das erste Wort für Liebe

Mit einem Geleitwort von Betsy Rose

Aus dem Amerikanischen
von Renate FitzRoy

HERDER

FREIBURG · BASEL · WIEN

Titel der Originalausgabe:
A Rose for Your Pocket. An Appreciation of Motherhood
Copyright © 2008 by Unified Buddhist Church.
All rights reserved.

Für die deutschsprachige Ausgabe:
© Verlag Herder GmbH, Freiburg im Breisgau 2008
Alle Rechte vorbehalten
www.herder.de

Umschlagkonzeption und -gestaltung:
R·M·E Eschlbeck/Botzenhardt/Kreuzer
Umschlagmotiv: © plainpicture

Satz: Dtp-Satzservice Peter Huber, Freiburg
Herstellung: CPI Moravia Books, Pohorelice

Gedruckt auf umweltfreundlichem,
chlorfrei gebleichtem Papier
Printed in the Czech Republic

ISBN 978-3-451-07080-8

Inhalt

Inhalt

Inhalt

Geleitwort

von Betsy Rose

Meine erste Begegnung mit Thich Nhat Hanh kam 1987 bei einem Retreat für Künstler in Ojai in Kalifornien zustande. Seitdem bin ich innerlich ganz durchdrungen von seiner Lehre. Als ich damals auf ihn traf, litt ich sehr darunter, dass ich nicht schwanger werden konnte. Durch seine Lehre von der Nichtbeständigkeit, vom Nicht-Anhaften, vom Leiden und der Ursache des Leidens wurde es mir möglich, meine Erfahrung unter einem anderen Blickwinkel zu betrachten. Es gelang mir, die damit verbundenen Schmerzen, das vergebliche Bemühen und das Verlustgefühl nicht mehr so schwerzunehmen.

1992 brachte ich meinen Sohn Matt zur Welt. Ich stand erst am Anfang meiner buddhistischen Praxis und wollte für mein so lang ersehntes Kind die vollkommene Mutter im spirituellen Sinne sein. Der Gleichmut, die Geduld und das Verständnis, die ich auf dem Meditationskissen erlernt hatte, würden mir helfen, so glaubte ich, eine Traumfamilie aufzubauen.

Diese Zuversicht schwand schnell dahin. Mit 18 Monaten warf mir Matt einen kühlen Blick zu, ergriff meine Lieblingsteetasse und zerschmetterte sie draußen auf dem Bürgersteig. Wut und Trauer stiegen in mir auf, weniger über die kaputte Tasse als darüber, dass meine Träume von einem umgänglichen, hilfsbereiten Kind in Scherben lagen. In der Vorschule nahmen seine Aggressivität und Hyperaktivität solche Formen an, dass er als „Schläger vom Dienst" verschrien war. Schlimmer hätte mir als Buddhistin mein Versagen als Mutter kaum öffentlich vor Augen geführt werden können. Ich verbrachte schlaflose Nächte, in denen ich immer wieder Zukunftsszenarien durchlebte, die mit Polizei, Jugendstrafe und Schlimmerem zu tun hatten.

Ich muss also eingestehen, dass die Lehre Thich Nhat Hanhs mich nicht zur besten aller Mütter und mein Kind nicht zu einem kleinen Buddha machte. Ich war auch kein steter Quell weiser Sprüche, ausgeglichener Ruhe und achtsamer Menschenliebe. Vielleicht kommt dies manchem Leser bekannt vor. Und doch konnte mir die auf diesen Seiten festgehaltene liebende und sanfte Weisheit eigentlich noch etwas viel Besseres geben: Ich akzeptierte, dass mein Kind und ich auch nur Menschen sind. Ich brachte Mitgefühl für unser beider Leiden auf und bekam eine neue Sicht auf unvermeidliche Enttäuschungen, auf „Versagen" und die Minderwertigkeitsgefühle, mit denen wir uns als Eltern herumschlagen müssen.

Thay ist nicht nur Dichter, Lehrer und Friedensstifter, sondern auch Gärtner. Zum Anbau von Salat hat er beispielsweise gesagt, dass man dem Salat keine Vorwürfe machen kann, wenn er schlecht wächst („Du böser Salat, streng dich doch mal an!"), sondern sich den Boden ansehen muss – die Nährstoffe und die Umgebung, die zum Gedeihen des Salats beitragen. Hier muss man für Änderung sorgen – Nährstoffe ergänzen, Schadstoffe beseitigen. Aus dieser Einsicht heraus veränderte ich die schulische Umgebung meines Kindes mehrmals, und aus dem neuen „Boden" wuchs ein gestärktes, zufriedeneres Kind hervor. Auch ein Blick auf Spannungen und unterdrückte negative Gefühle bei uns zu Hause half mir, zu verstehen, warum der Junge so unbegreiflich schwierig war. Dadurch wurde mir viel klarer, welche Ursachen und Bedingungen zu unserem Verhalten und unseren Stimmungen führen.

Mich einfach auf meine Atmung zu besinnen und mir einen liebevollen Gedanken zu gönnen, das hat im Zorn und unter Stress schon so manche hitzige Auseinandersetzung verhindert, die ich später sicher bedauert hätte. Ich habe mich darauf besonnen, wie vergänglich die Kindheit, die Momente des Unglücks und des Glücks sind, und so die Geduld gefunden, schwierige Zeiten durchzustehen, und die Fähigkeit entwickelt, mich nicht zu sehr an die guten Zeiten zu klammern.

Ich habe auch erlebt, was Thay in dem vorliegenden Buch so wunderbar ausdrückt: Meine eigene Mutter hat für mich in dem Maße an Realität und Präsenz gewonnen, in dem ich selbst den Weg der Mutterschaft entlangstolpere und mein eigenes Versagen, meine Freuden und meinen Kummer erlebe. Meine Mutter hat uns fünf Kinder in den 50er- und 60er-Jahren großgezogen, als Feminismus noch kein Thema war und die Gesellschaft für ihre vielen anderen „nicht-mütterlichen" Begabungen weder Interesse noch Verwendung hatte. Ich als junge Feministin kreidete ihr den Mangel an Selbstbehauptung an und machte ihr zum Vorwurf, dass sie in der Ehe immer mit dem zweiten Rang zufrieden gegeben hätte. Erst jetzt, da ich selbst erlebe, was es heißt, Mutter zu sein, werden mir ihr Humor, ihre Ausdauer, ihre endlose Geduld und ihre kleinen, kaum zu bemerkenden „Aufstände" bewusst. Auch meine Mutter gedieh in dem Boden, in den man sie gesteckt hatte, und brachte das Erbteil ihrer Eltern und Vorfahren mit. Aus dieser Erkenntnis heraus neige ich jetzt immer seltener dazu, sie zu verurteilen, und kann sie nun wirklich lieben und schätzen.

Matt hat die Kindheit inzwischen hinter sich gelassen und ist zum Teenager herangewachsen. Er ist ein liebenswürdiger, empfindsamer und nachdenklicher junger Mensch geworden, großzügig, mit einem ausgeprägten Gerechtigkeitssinn, ein zuverlässiger Freund. Selbstverständlich ist es nicht unmittelbar mein Verdienst, dass seine, oder meine, Buddhanatur auf verschlungenem Pfade ans Licht kommt, doch bin ich überzeugt, dass die Saat der Güte, des Friedens und der Wahrheit, die wir in unseren Kindern säen und bewässern, ihnen und allen Lebewesen zugutekommen.

Genießen Sie dieses Büchlein der Weisheit – es ist eine Blüte, die Freude, Wahrheit, Einsicht und Klarheit in die schönen und komplexen Beziehungen bringt, die wir in unseren Familien erleben. Ich wünsche uns allen, dass wir Frieden erleben und den Menschen, die wir lieben, und der Welt um uns herum Frieden bringen können.

EINS

Ein Gedicht für die Eltern

Mutter und Vater werden „Brahma" genannt,
„die frühen Lehrer"
und „die Anbetungswürdigen",
denn sie sind voll Mitgefühl
für die ihnen anvertrauten Kinder.
Deshalb soll der Weise sie ehren
und ihnen mit Hochachtung begegnen,
sie mit Essen und Trinken versorgen,
mit Kleidung und einer Bettstatt,
sie salben und baden
und ihre Füße waschen.
Der Weise, der Mutter und Vater
solche Dienste erweist,
wird hier und jetzt gepriesen,
und nach seinem Tod
erfreut er sich im Himmel.

Buddha, Itivuttaka 106

ZWEI

Der Palast des Kindes

Können Sie sich noch an die Zeit erinnern, die Sie im Mutterleib verbracht haben? Dort haben wir alle etwa neun Monate zugebracht – eine beachtliche Zeitspanne. Ich bin überzeugt, dass wir alle in dieser Zeit zum Lächeln Gelegenheit hatten. Aber wen haben wir angelächelt? Wer glücklich ist, der lächelt einfach von selbst. Ich habe Menschen, vor allem Kinder, im Schlaf lächeln sehen.

Gleichgültig, wie schwer das Leben an der Seite unserer Mütter nach unserer Geburt wurde oder ob wir tatsächlich bei ihr selbst aufwuchsen – die Zeit im Mutterleib war für fast alle Menschen wunderbar. Wir brauchten uns nicht um Essen und Trinken zu kümmern. Wir waren vor Hitze und Kälte geschützt. Es gab weder Hausaufgaben noch Hausarbeit zu erledigen. Im Schutze des Mutterleibs fühlten wir uns sicher. Um nichts mussten wir uns sorgen. Wie schön ist es doch, keine Sorgen zu haben!

Ich bin überzeugt, dass sich viele von uns noch an die Zeit im Mutterleib erinnern, da viele Menschen das Gefühl haben, einst in einem sicheren und wunderbaren Paradies gelebt zu haben, das ihnen später abhandengekommen ist. Dieses Paradies suchen wir irgendwo draußen, den herrlichen Ort, an dem es weder Sorgen noch Angst gibt. Wir sehnen uns dorthin zurück. Das vietnamesische Wort für Mutterleib bedeutet „Palast des Kindes". Dort, im Inneren der Mutter, war das Paradies.

Dort im Mutterleib hat sich Ihre Mutter Ihrer angenommen. Sie aß und trank für Sie, sie atmete für Sie, und sie hat bestimmt auch für Sie geträumt. Ich stelle mir vor, Sie haben ihre Träume mitgeträumt, und wenn sie lächelte, haben auch Sie gelächelt. Und wenn Ihre Mutter schwere Träume hatte und im Schlaf weinte, dann weinten Sie auch. Sie teilten Träume und Albträume mit ihr, denn Sie und Ihre Mutter waren keine getrennten Wesen. Die Nabelschnur verband Sie miteinander. Durch sie wurden Sie von Ihrer Mutter mit Nahrung und Sauerstoff – mit allem versorgt, auch mit Liebe. Dort waren Sie – noch nicht geboren, aber schon geliebt.

Es ist wichtig, sich daran zu erinnern, dass Sie schon ernährt wurden, ehe Sie geboren wurden. Und wenn Sie tiefer schauen, werden Sie erkennen, dass Sie Ihrerseits auch Ihre Mutter genährt haben. Durch Ihre Gegenwart in ihrem Leib veränderte sich dieser und wuchs. Zwar ermüdete Ihre Mutter schneller, und vielleicht ging es ihr auch nicht gut, aber vielleicht hat sie auch öfter gelächelt und das Leben noch mehr geliebt.

Vielleicht hat Ihre Mutter schon vor Ihrer Geburt mit Ihnen gesprochen; und ich bin überzeugt, dass Sie das gehört und darauf reagiert haben. Es kann aber auch sein, dass sie gelegentlich vergaß, dass Sie da waren. Dann haben Sie sie auch einmal mit einem kräftigen Tritt an Ihre Gegenwart erinnert. Das war Ihre „Glocke der Achtsamkeit". Eine Mutter, die sich in Achtsamkeit übt, antwortet darauf etwa mit den Worten: „Kleines, ich weiß, dass du da bist, und ich freue mich darüber!" Das ist das erste Mantra. Auch wenn sie das nicht sagte oder wusste, hat doch ihr Körper reagiert und alles Notwendige getan, um Sie zu ernähren.

Als Sie dann geboren wurden, durchtrennte jemand die Nabelschnur, und wahrscheinlich haben Sie zum ersten Mal mit lauter Stimme geschrien. Jetzt mussten Sie selbstständig atmen. Sie mussten sich an das Licht um Sie her gewöhnen, und Sie verspürten zum ersten Mal im Leben Hunger. Sie waren nun außerhalb ihrer Mutter, und doch noch gleichsam in ihr, denn Sie waren noch von ihr abhängig. Vielleicht wurden Sie gestillt und waren so trotz der durchtrennten Nabelschnur mit Ihrer Mutter sehr unmittelbar innig verbunden.

Als Säugling verspüren Sie diese enge Verbindung zu Ihrer Mutter, und als Mutter spüren Sie, wie Sie an Ihr Kind gebunden sind. Als Mutter erleben Sie sich und das Kind vielleicht als Einheit. Wenn Sie Ihr Kind jedoch im Arm halten und es zwingen, genau wie Sie selbst zu werden, ist das auch nicht richtig. Es ist gut, eins zu sein mit seinem Kind, aber das Kind ist auch anderen Einflüssen ausgesetzt. Vor allem, wenn es heranwächst, kann es zu neuen Erkenntnissen kommen. Jede Mutter muss üben, ihren Säugling, ihr Kind, als jemanden zu sehen, der gleichzeitig sie selbst und doch jemand anderes ist. Das Kind hat sein eigenes Leben. Man kann sein Kind nicht einsperren und es dazu bringen, eine gewünschte Richtung einzuschlagen. Man kann es nicht zwingen und es nach seinem Bilde gestalten. Das Kind ist nicht nur eine Fortsetzung Ihres Lebens, es ist auch die Fortsetzung vieler Generationen von Vorfahren, und vielleicht hatten Sie ja in ihrem Leben nicht die Möglichkeit, die gute Saat, die in Ihnen steckt, genügend zu bewässern und aufgehen zu lassen. So sind Ihre Möglichkeiten vielleicht begrenzter als die Ihres Kindes. Wenn es also zu vielen neuen Einsichten kommt, müssen Sie auch von ihm lernen.

Wenn es Ihrer Mutter schwerfiel, Sie selbstständig werden zu lassen, oder Sie mit Ihrer Mutter Schwierigkeiten haben, dann fällt Ihnen die Einsicht vielleicht schwer, dass Sie und Ihre Mutter zwei verschiedene Menschen sind. In mancher Hinsicht trifft das ja auch wieder nicht zu. Sie sind die Fortsetzung des Lebens Ihrer beiden Eltern. Beim Meditieren kann ich noch die Nabelschnur vor mir sehen, die mich mit meiner Mutter verband, und wenn ich tiefer schaue, dann gibt es auch Nabelschnüre, die mich mit Naturerscheinungen verbinden. Jeden Morgen geht die Sonne auf, und dank der Sonne haben wir Licht und Wärme. Ohne sie wäre Leben unmöglich.

So sind Sie durch eine Nabelschnur an die Sonne gebunden. Eine weitere Nabelschnur bindet Sie an die Wolken im Himmel. Ohne die Wolken gäbe es keinen Regen und kein Trinkwasser, keine Milch, keinen Kaffee, kein Eis – nichts. Eine solche Nabelschnur bindet Sie an Fluss und Wald, und wenn Sie diese Meditation fortsetzen, erkennen Sie, dass Sie mit allem und jedem im Kosmos verbunden sind. Ihr Leben hängt von allem anderen ab, das besteht, anderen Menschen und Tieren, Pflanzen, Mineralien, Luft, Wasser und Erde.

Nehmen wir an, Sie säen ein Getreidekorn, das nach sieben Tagen austreibt und einen Halm bildet. In dem hochgewachsenen Halm erkennen Sie vielleicht nicht mehr das gesäte Korn, und doch stimmt es auch nicht, wenn man sagte, das

Korn sei gestorben. Mit den Augen Buddhas kann man im Halm immer noch das Korn sehen. Der Halm ist das Fortleben des Korns in die Zukunft hinein, das Korn das Fortleben des Halms in die Vergangenheit. Sie sind also nicht das Gleiche, aber völlig voneinander getrennt sind sie auch nicht. Sie und Ihre Mutter sind nicht dieselbe Person, aber Sie sind auch keine zwei unterschiedlichen Personen. Das ist die Wahrheit von der gegenseitigen Abhängigkeit. Niemand kann aus sich selbst heraus sein; um zu existieren, müssen wir in gegenseitiger Abhängigkeit *intersein*.

Solange wir im Mutterleib sind, ist unser Körper völlig entspannt. Wir sind weich und biegsam. Sobald wir jedoch hinaustreten in die Welt, tritt Spannung in den Körper ein – manchmal schon mit dem ersten Atemzug. Damit wir die Spannung im Körper abbauen können, müssen wir die Spannung aus unserem Atem lassen. Ein Körper, dem die Ruhe fehlt, kann auch nicht ruhig atmen. Indem wir die Energie der Achtsamkeit erzeugen und unseren Atem umfassen, gewinnt der Atemzug beim Einatmen ebenso wie der beim Ausatmen an neuer, besserer Qualität. Beim achtsamen Atmen vertieft und beruhigt sich die Atmung. Die Spannung, die den Atem gefangen hielt, löst sich auf. Wenn die Atmung erst einmal entspannt ist, können wir den Körper umarmen und entspannen. Das genau ist es, was Buddha mit dem Wort „Ruhe" meint.

Es gibt einen Pali-Text, der den Namen Kayagatasati Sutra trägt, die Betrachtung des Körpers im Körper. Darin schlägt Buddha für jeden Körperteil eine spezielle Übung zur Lösung der Spannung vor, und schließlich eine Entspannungsübung für den ganzen Körper. Zu Anfang legt man sich ganz bequem hin und verschafft sich einen Überblick über seinen Körper. Dann konzentriert man sich auf verschiedene Körperteile. Fangen Sie mit dem Kopf an, den Haaren, und schließen Sie mit den Zehen ab. Sie können dabei sagen: „Beim Einatmen bin ich mir meines Gehirns bewusst. Ich lächle ihm zu." So verfahren Sie auch mit dem übrigen Körper. Schauen Sie sich Ihren Körper so genau an wie der Bauer seine Saat. Dazu brauchen Sie keine Röntgenstrahlen, sondern die Strahlen der Achtsamkeit. Fünfzehn Minuten genügen völlig, um den Körper langsam mit der Energie der Achtsamkeit zu durchleuchten.

Wenn wir unser volles Bewusstsein auf ein Körperteil lenken und dieses mit der Energie der Achtsamkeit umfassen, erlauben wir ihm, sich zu entspannen und zu lösen. Daher kann auch Lächeln beim Entspannen des Körpers sehr hilfreich sein. Ein erstes Lächeln im Mutterleib war ein völlig entspanntes Lächeln. Das Gesicht ist voller Muskeln, die sich bei Wut oder Angst stark anspannen. Wenn man aber gelernt hat, sich beim Einatmen dieser angespannten Muskeln bewusst zu werden und ihnen beim Ausatmen zuzulächeln, kann das zu ihrer Entspannung beitragen. Einmal ein- und ausgeatmet – und das Gesicht ist verwandelt. Ein Lächeln kann Wunder bewirken.

Im Sutra von der Betrachtung des Körpers im Körper rät uns Buddha, sich die vier natürlichen Elemente im Körper bewusst zu machen. Im Mutterleib sind die Elemente Wasser, Feuer, Luft und Erde völlig ausgewogen. Die Mutter hält ihren Leib im Gleichgewicht und sorgt für Sauerstoff und Nahrung, während das Kind im Wasser ruht. Nachdem wir zur Welt gekommen sind, ist es ein Zeichen guter Gesundheit, wenn die vier Elemente im Gleichgewicht sind. Oft jedoch geraten sie aus dem Gleichgewicht – uns wird nicht recht warm oder wir haben Schwierigkeiten beim Atemholen. Oft genügt ein einziger achtsamer Atemzug, um das natürliche Gleichgewicht wiederherzustellen.

Buddha empfahl auch, sich die Lage und die Bewegungen des Körpers bewusst zu machen. Bei der Sitzmeditation machen wir uns als Erstes bewusst, dass wir eine Sitzhaltung eingenommen haben. Dann kann man sich so hinsetzen, dass man Ruhe, festen Halt und Wohlbefinden erlebt. Wir können uns in jedem Augenblick die Haltung unseres Körpers bewusst machen, ob wir nun sitzen, gehen, stehen oder liegen. Wir können uns unsere Handlungen bewusst machen, ob wir aufstehen, uns bücken oder eine Jacke anziehen. Achtsamkeit bringt uns zu uns selbst zurück, und wenn wir unseren Leib in voller Achtsamkeit wahrnehmen und im Hier und Jetzt leben, dann sind wir in unserem eigentlichen Zuhause.

Manche von uns fühlten sich in ihrem Elternhaus nicht zu Hause. Andere fühlen sich in der Welt außerhalb der eigenen vier Wände nicht wohl. Wir alle aber haben dieses eine wahre Zuhause, so wahr und rein wie der Palast des Kindes im Leib unserer Mutter. Selbst wenn Sie sich keinem Land, keiner Nation, keiner ethni-

schen Gruppe, keinem Ort und keinem Kultur-
erbe zugehörig fühlen, dieses wahre Zuhause
haben auch Sie. Als sie noch im Mutterleib waren, fühlten Sie sich zu Hause. Vielleicht sehnen
Sie sich ja danach, an einen Ort des Friedens
und der Sicherheit zurückzukehren. In das Zuhause in Ihrem Körper können Sie jederzeit zurückkehren.

Ihr wahres Zuhause ist im Hier und Jetzt und
ist nicht durch Zeit, Raum, Nationalität oder
Rasse eingeschränkt. Es ist keine abstrakte Idee,
sondern etwas Greifbares, das sie in jedem
Augenblick erleben können. Mit Achtsamkeit
und Konzentration, den Energien des Buddha,
können Sie Ihr wahres Zuhause in der Gegenwart und in der völligen Entspannung von Körper und Geist finden. Das kann Ihnen niemand
nehmen. Andere Menschen können Ihnen Ihr
Heimatland nehmen und Sie ins Gefängnis sper-
ren, aber sie können Ihnen nicht Ihr wahres Zuhause und Ihre Freiheit nehmen.

Wenn wir aufhören zu reden und zu denken und das Ein- und Ausatmen in vollen Zügen genießen, dann genießen wir unser wahres Zuhause und können die Wunder des Lebens tief berühren. Das ist der Weg, den uns Buddha zeigt. Beim Einatmen bringen Sie alles, was Sie ausmacht, zusammen, Körper und Geist – Sie werden eins. Ausgerüstet mit der Energie der Achtsamkeit und Konzentration, können Sie nun einen weiteren Schritt tun. Sie haben begriffen, dass hier Ihr wahres Zuhause liegt – Sie sind am Leben, Sie sind gegenwärtig, Sie berühren das Leben in seiner Realität. Ihr wahres Zuhause ist greifbare Wirklichkeit, die Sie mit Händen und Füßen und mit Ihrem Geist berühren können.

Das Vertrautsein mit Ihrem wahren Zuhause, die Erkenntnis, dass es im Hier und Jetzt liegt, ist unabdingbar. Im täglichen Leben gehen Körper und Geist ja oft in verschiedene Richtungen, und es entsteht ein Zustand der Zerstreutheit. Der Geist ist an einem Ort, der Körper an einem anderen. Da zieht etwa Ihr Körper einen Mantel an, aber Ihr Geist ist derweilen tief in die Vergangenheit oder Zukunft verstrickt. Etwas aber verbindet Geist und Körper, und das ist der Atem. Sobald Sie zu Ihrem Atem zurückkehren und mit Achtsamkeit ein- und ausatmen, kommen Körper und Geist ganz schnell wieder zusammen. Beim Einatmen denken Sie an gar nichts; Sie achten nur auf Ihren Atem. Sie konzentrieren sich auf ihn und geben sich hundertprozentig dem Einatmen hin. Sie werden eins mit dem Einatmen. In diesem Einatmen liegt so viel Konzentration, dass Körper und Geist augenblicklich zueinanderfinden. Und plötzlich spüren Sie, wie Sie mitten in der Gegenwart sind, mit jeder Faser ihres Körpers Leben sind. Die Sehnsucht nach der Rückkehr in den Mutterleib, dem vollkommenen Paradies, haben Sie abgelegt. Denn Sie sind schon dort, Sie sind zu Hause.

DREI

Eine Rose zum Einstecken

Eine Rose zum Einstecken

Der Gedanke „Mutter" ist untrennbar mit dem Gedanken „Liebe" verbunden. Liebe ist voller Süße, Zärtlichkeit und Sinnlichkeit. Ohne Liebe kann ein Kind nicht aufblühen und ein Erwachsener nicht reifen. Ohne Liebe sind wir kraftlos und welk.

An dem Tag, an dem meine Mutter starb, trug ich Folgendes in mein Tagebuch ein: „Das größte Unglück meines Lebens ist mir zugestoßen." Selbst als alter Mensch ist man nicht darauf vorbereitet, seine Mutter zu verlieren. Man fühlt sich immer noch nicht reif genug, und plötzlich fühlt man sich alleingelassen, so verlassen und unglücklich wie ein Waisenkind.

Alle Loblieder auf eine Mutter sind schön, schön ohne jede Anstrengung. Selbst nicht sonderlich begabte Liedermacher und Verseschmiede haben ihre Werke mit Herzblut geschrieben, und wenn sie vorgetragen werden, scheinen die Vortragenden tief bewegt – es sei denn, sie haben ihre Mutter so früh verloren, dass sie keine Erinnerung an Mutterliebe haben. In aller Welt und zu allen Zeiten haben Menschen die Tugenden der Mütter besungen.

Als Kind habe ich ein schlichtes Gedicht über den Verlust der Mutter gehört, und es hat seine Bedeutung für mich bis heute nicht verloren. Wenn Ihre Mutter noch lebt, werden Sie beim Lesen der folgenden Worte jedes Mal Zärtlichkeit für sie verspüren und mit Bangen dem noch fernen Tag entgegensehen, der unabänderlich auf Sie zukommt.

In jenem Jahr, obschon ich noch sehr jung war,
hat mich meine Mutter verlassen,
und ich begriff, dass ich nun ein Waisenkind
war.

Eine Rose zum Einstecken

Alle um mich herum weinten.
Ich litt still …

Als ich den Tränen freien Lauf ließ,
fühlte ich den Schmerz nachlassen.
Abend umgab meiner Mutter Grab.
Schön klang die Glocke der Pagode.

Ich begriff, dass die Mutter verlieren heißt,
eine ganze Welt zu verlieren.

Viele Jahre schwimmen wir in einer Welt zärt-
licher Liebe. Ohne uns dessen bewusst zu sein,
fühlen wir uns darin recht wohl. Erst wenn es
zu spät ist, geht uns ein Licht auf.

Die Menschen auf dem Lande verstehen die
komplizierte Sprache der Stadtmenschen nicht.
Wenn ein Städter seine Mutter als einen „Hort
der Liebe" bezeichnet, ist ihnen das schon viel
zu hochtrabend. Auf dem Lande in Vietnam

vergleicht man seine Mutter mit etwas Handfestem wie einer Banane der feinsten Sorte, oder auch mit Honig, süßem Reis oder Zuckerrohr. Auf diese schlichte und direkte Weise drückt man hier seine Liebe aus. Für mich ist eine Mutter wie eine *Ba huong*-Banane von höchster Qualität, wie der beste süße *Nep mot*-Reis, wie das leckerste *Mia lau*-Zuckerrohr.

Wer schon einmal Fieber hatte, kennt die Augenblicke, in denen man einen gallebitteren Geschmack im Mund verspürt und nichts einem schmecken will. Da muss erst die Mutter kommen, einem die Bettdecke bis unters Kinn ziehen und die Hand auf die heiße Stirn legen (Ist es eigentlich noch die Hand der Mutter oder vielmehr himmlische Seide?) und leise flüstern: „Mein armer Schatz!" Erst dann geht es einem besser, umsorgt von so viel mütterlicher Liebe.

Die Aufgaben des Vaters sind gewaltig, groß wie ein Berg. Die Hingabe der Mutter ist überfließend wie das Wasser einer Bergquelle. Mit der Mutterliebe bekommen wir einen ersten Geschmack von der Liebe, einer Liebe, die der Ursprung aller Liebe ist. Unsere Mutter ist der Mensch, der uns Liebe lehrt, die wichtigste Lektion im Leben. Ohne meine Mutter wüsste ich nicht, wie ich lieben sollte. Ihr habe ich es zu verdanken, dass ich meinen Nächsten lieben kann. Ihr habe ich es zu verdanken, dass ich alle lebenden Wesen lieben kann. Durch sie habe ich eine erste Vorstellung von Verstehen und Mitgefühl bekommen. Dies wird in vielen religiösen Überlieferungen anerkannt und findet in der Verehrung der Mutter Ausdruck, etwa in der Marienverehrung oder der Verehrung der Gottheit Kwan Yin. Ein Kind braucht kaum den Mund zum Schreien zu öffnen, da eilt die Mutter schon zur Wiege. Die Mutter ist der sanfte, gute Geist, der alles Unglück und alle Sorgen verschwinden lässt. Schon beim Klang des Wortes „Mutter" spüren wir, wie unsere Herzen vor Liebe überfließen. Von der Liebe ist es nur ein kurzer Weg zum Glauben und zum Handeln.

Im Westen wird Anfang Mai der Muttertag gefeiert. Da ich aus dem ländlichen Vietnam stamme, hatte ich von diesem Brauch noch nie gehört. Eines Tages besuchte ich mit dem Mönch Thien An das Viertel Ginza in Tokio. Vor einem Buchladen trafen wir einige japanische Studenten und Studentinnen, die mit ihm befreundet waren. Eine von ihnen stellte ihm ganz diskret eine Frage, holte dann eine weiße Nelke aus ihrer Tasche und heftete sie an mein Mönchsgewand. Ich war völlig überrascht und etwas verlegen. Ich hatte keine Ahnung, was diese Geste zu bedeuten hatte und wagte nicht zu fragen. Ich versuchte mich so normal wie möglich zu verhalten und hielt das Ganze für eine ortsübliche Sitte.

Als die Unterhaltung zu Ende war (ich spreche kein Japanisch), gingen Thien An und ich in den Buchladen, und er erzählte mir, dass heute Muttertag sei. Wenn die Mutter noch lebt, trägt man in Japan eine rote Blume auf dem Revers oder in der Hemdtasche und zeigt so stolz, dass man noch eine Mutter hat. Ist sie nicht mehr am Leben, trägt man eine weiße Blume. Ich schaute auf die weiße Blume an meinem Gewand, und auf einmal fühlte ich mich unglücklich, genau so unglücklich wie ein Waisenkind, das ich ja auch war. Als Waisen können wir nicht stolz rote Blumen im Knopfloch tragen. Diejenigen, die weiße Blumen tragen, leiden, und unweigerlich kehren ihre Gedanken zu ihrer Mutter zurück. Sie können nicht vergessen, dass sie nicht mehr bei ihnen ist. Die, die rote Blumen tragen, sind glücklich in dem Wissen, dass ihre Mutter noch lebt. Sie können ihr noch eine Freude machen, ehe sie stirbt und es zu spät ist. Ich finde dies eine wunderschöne Sitte und schlage vor, sie in Vietnam und den westlichen Ländern einzuführen.

Drei

Mütter sind eine unerschöpfliche Quelle der Liebe, ein unermesslicher Schatz, doch das vergessen wir leider manchmal. Die Mutter ist die kostbarste Gabe, die das Leben uns schenkt. Diejenigen unter meinen Lesern, die Sie Ihre Mutter noch um sich haben, warten Sie nicht auf ihren Tod, um dann zu sagen: „Ach, jetzt habe ich all die Jahre neben meiner Mutter hergelebt, ohne sie je richtig anzusehen. Nur ab und zu haben wir Blicke getauscht und ein paar Worte gewechselt, und ich habe sie um Taschengeld oder dieses oder jenes gebeten."

Sie schmiegen sich an sie, um sich zu wärmen, Sie schmollen, Sie ärgern sich über sie. Sie machen ihr das Leben schwer, bereiten ihr Sorgen, schaden ihrer Gesundheit. Ihretwegen steht Ihre Mutter früh auf und geht spät zu Bett. Viele Frauen sterben ihrer Kinder wegen früh. Wir erwarten, dass sie ihr ganzes Leben lang für uns kocht, wäscht, putzt und hinter uns herräumt, haben aber selbst nur unsere Schulnoten und

unser berufliches Fortkommen im Kopf. Unsere Mütter haben keine Zeit mehr, tief in uns zu
hineinzuschauen, und wir sind zu beschäftigt,
um sie genau anzusehen. Erst wenn sie nicht
mehr ist, wird uns klar, dass wir uns nie bewusst darüber waren, eine Mutter zu haben.

In Vietnam hören wir am Feiertag Ullambana
Geschichten und Legenden vom Bodhisattva
Maudgalyayana und der Liebe zwischen Eltern
und Kindern. Es geht um die Arbeit des Vaters,
die Hingabe der Mutter und die Pflichten des
Kindes. Jeder betet für das lange Leben seiner
Eltern oder, wenn sie nicht mehr leben, dafür,
dass sie in einem reinen himmlischen Land
wiedergeboren werden. Wir glauben, dass ein
Kind, das seinen Eltern keine Liebe entgegen-
bringt, keine Wertschätzung verdient. Nun entsteht aber die Liebe des Kindes zu den Eltern
aus der Liebe selbst. Ohne Liebe bleibt die Er-
gebenheit gegenüber den Eltern etwas Künstli-
ches. Wo Liebe da ist, genügt sie völlig, und es

erübrigt sich, von reiner Kindespflicht zu spre-
chen. Ausreichend ist, die Mutter zu lieben. Es
ist keine Pflicht, sondern etwas völlig Natür-
liches. Die Mutter liebt ihr Kind, und das Kind
liebt seine Mutter. Das Kind braucht seine Mutter, und die Mutter braucht ihr Kind. Eine Mutter, die ihr Kind nicht braucht, ist keine Mutter,
und ein Kind, das seine Mutter nicht braucht,
ist kein Kind. Das ist ein Missbrauch der Be-
zeichnungen „Mutter" und „Kind".

In meiner Jugend fragte mich einer meiner Lehrer: „Was hast du zu tun, wenn du deine Mutter
liebst?" Ich antwortete ihm: „Ich muss ihr ge-
horchen, ihr helfen, mich um sie kümmern,
wenn sie alt ist, und für sie beten, wenn sie für
immer hinter dem Berg verschwunden ist." Inzwischen weiß ich, dass es völlig überflüssig war,
zu fragen: „Was hast du zu tun?". Wenn man
seine Mutter liebt, „muss" man nichts tun. Man
liebt sie, und das ist genug. Die Liebe zur Mutter ist keine Frage der Moral oder der Tugend.

Glauben Sie nur nicht, ich hätte dies geschrieben, um Ihnen eine Moralpredigt zu halten. Seine Mutter zu lieben lohnt sich. Eine Mutter ist wie eine reine Wasserquelle, wie das allerbeste Zuckerrohr oder der feinste Honig, der delikateste süße Reis. Wenn Sie daraus keinen Gewinn ziehen können, sind Sie arm dran. Ich möchte Sie nur darauf aufmerksam machen, damit Sie sich nicht eines Tages darüber beklagen müssen, dass sich das Leben für Sie nicht mehr lohnt. Wenn ein Geschenk wie die eigene Mutter Sie nicht zufriedenstellt – da können Sie der Chef eines Großunternehmens oder der König des Universums sein –, dann sind Sie vermutlich mit nichts zufrieden. Ob daher der Schöpfer wohl glücklich ist? Ihm, der aus sich selbst heraus entstanden ist, fehlt jedenfalls das Glück, eine Mutter zu haben.

Ich möchte Ihnen gern eine Geschichte erzählen. Bitte halten Sie mich nicht für leichtfertig. Es hätte durchaus geschehen können, dass mei-

ne Schwester nicht geheiratet hätte und ich kein
Mönch geworden wäre. Wie auch immer – wir
haben beide unsere Mutter verlassen – die eine, um an der Seite des Mannes, den sie liebt,
ein neues Leben anzufangen, der andere, um
einem Lebensideal nachzustreben, das ihm am
Herzen lag. Am Vorabend der Hochzeit meiner Schwester kümmerte sich meine Mutter
um hunderttausend Dinge und machte keinen
besonders traurigen Eindruck. Als wir dann
aber bei ein paar Häppchen am Tisch saßen
und auf die Schwiegerfamilie warteten, die meine Schwester abholen sollte, sah ich, dass meine
Mutter keinen Bissen anrührte. Sie sagte: „Acht-
zehn Jahre hat sie nun mit uns gegessen. Jetzt
isst sie zum letzten Mal mit uns, ehe sie zu einer anderen Familie zieht, mit der sie von nun
an essen wird." Meine Schwester fing an zu
weinen. Den Kopf tief über den Teller gebeugt
sagte sie schließlich: „Mama, dann heirate ich
nicht." – Sie hat dann aber doch geheiratet. Und
danach habe auch ich meine Mutter verlassen,

um Mönch zu werden. Wenn man jemanden zu dem Entschluss beglückwünscht, seine Familie zu verlassen und Mönch zu werden, sagt man oft, er habe den Pfad der Erkenntnis eingeschlagen. Ich bin darauf aber keineswegs stolz. Ich liebe meine Mutter, gleichzeitig aber habe ich auch ein Ideal, dem ich folgen will. So musste ich sie verlassen – das war der Preis, den ich zu zahlen hatte.

Im Leben müssen wir oft schwierige Entscheidungen treffen. Man kann nicht gleichzeitig zwei Fische fangen – mit jeder Hand einen. Das ist schwierig, denn wenn wir akzeptieren, dass wir heranwachsen, müssen wir auch das damit verbundene Leiden annehmen. Ich bedaure nicht, meine Mutter verlassen zu haben und Mönch geworden zu sein, aber dass ich vor diese Wahl gestellt wurde, das tut mir leid. Ich hatte keine Gelegenheit, den wertvollen Schatz, meine Mutter, voll auszukosten, diese wunderbare *Ba huong*-Banane, den besten, süßesten

Nep mot-Reis, das köstliche *Mia lau*-Zucker-
rohr. Das soll nun nicht heißen, dass ich Ihnen
rate, Ihren Beruf aufzugeben und zu Hause an
der Seite Ihrer Mutter zu bleiben. Ich will daraus keine Frage der Moral machen, sondern
Sie nur daran erinnern, dass eine Mutter wie
eine Banane, wie guter Reis, wie Honig und
wie Zucker ist. Sie ist Zärtlichkeit und Liebe,
und Sie, meine Brüder und Schwestern, sollten
sie nicht vergessen. Durch das Vergessen entsteht ein unermesslicher Verlust, und ich hoffe,
dass Sie nicht aus Unwissenheit oder Unachtsamkeit ein solchen Verlust erleiden müssen. Ich
bin einzig froh darüber, Ihnen eine rote Blume,
eine Rose, ans Revers zu stecken, damit Sie
glücklich sein können. Das ist alles.

Ich möchte Ihnen einen Vorschlag machen:
Wenn Sie heute Abend von der Schule oder von
der Arbeit nach Hause kommen oder Ihre Mutter das nächste Mal besuchen, treten Sie ganz
ruhig ins Zimmer, sagen Sie nichts, lächeln Sie

nur und setzen Sie sich neben sie. Sorgen Sie
wortlos dafür, dass sie die Arbeit niederlegt,
und blicken Sie sie ganz lange an. Schauen Sie
sich ihre Mutter gut an, nehmen Sie sie wahr,
wie sie da lebendig neben Ihnen sitzt. Fassen
Sie ihre Hand und sagen Sie: „Weißt du was,
Mutter?" Etwas überrascht wird sie lächelnd
zurückfragen: „Was denn?" Schauen Sie ihr wei-
terhin mit heiterem Lächeln in die Augen und
sagen Sie: „Weißt du, dass ich dich lieb habe?" Warten Sie nicht auf die Antwort – wichtig ist, dass Sie es sagen. Auch wenn Sie dreißig,
vierzig Jahre oder noch älter sind, sagen Sie
es, denn Sie sind das Kind Ihrer Mutter. Sie
und Ihre Mutter werden beide glücklich in dem
Bewusstsein immerwährender Liebe sein, und
wenn Sie sie morgen verlässt, haben Sie nichts
versäumt.

Das ist der Refrain, den ich Ihnen heute mit auf
den Weg gebe. Brüder und Schwestern, rezitiert
ihn, singt ihn gegen die Gleichgültigkeit und

das Vergessen. Diese rote Rose habe ich euch ans Revers gesteckt. Nun könnt ihr glücklich sein.

VIER

Versöhnung

Versöhnung

Die Liebe zu unserer Mutter kann durchaus auch mit Gefühlen des Zorns und der Enttäuschung gemischt sein. Durch die Kraft der Achtsamkeit können wir den Schmerz erkennen, den wir über unsere Eltern empfinden, und ihn so zärtlich umarmen wie eine Mutter ihr weinendes Baby. Als Sie noch ein Baby waren, erschien Ihre Mutter sicher augenblicklich, als Sie zu schreien anfingen. Sie nahm Sie auf und hielt Sie zärtlich in den Armen. Konnte Ihre Mutter das nicht tun, tat es jemand anderes. Wenn wir den Schmerz und den Kummer in uns erkennen und annehmen, beruhigt er sich wie das Kind in den Armen der Mutter.

Jeder Riss zwischen den Eltern und uns geht mitten durch uns durch, denn wir sind nicht von ihnen getrennt. In Ruhe betrachtet, wird uns klar, dass es immer eine Hoffnung auf Versöhnung gibt, auch wenn die Eltern vielleicht nicht mehr am Leben sind. Durch tiefes Zuhören und liebevolle Rede können wir jede Kluft überwinden und gleichzeitig uns selbst heilen.

Beim tiefen Zuhören und der liebevollen Rede geht es darum, das Gespräch wiederaufleben zu lassen, denn sobald das Gespräch wiederhergestellt ist, ist alles möglich, auch Friede und Versöhnung. Ich habe viele Paare erlebt, die das tiefe Zuhören und die liebevolle Rede übten, um ihre schwierige oder zerbrochene Beziehung zu heilen. Viele Väter und Söhne, Mütter und Töchter sowie Eheleute haben mit dieser Praxis wieder Frieden und Glück in ihre Familien gebracht. Tiefes, mitfühlendes Zuhören und liebevolle Rede führten sie zu einer Versöhnung.

In den 90er-Jahren leitete ich einen Retreat in Oldenburg. Nachdem ich die Teilnehmer im tiefen Zuhören unterwiesen und zur liebevollen Rede angeleitet hatte, verließen vier Personen den Vortragssaal und riefen ihre Väter an – eine telefonische Variante des tiefen Zuhörens und der liebevollen Rede. Seit Jahren hatten diese Menschen sich innerlich von ihren Vätern entfernt und keine Verbindung mehr zu ihnen. Sie wussten, dass dieser Zustand nicht fortdauern durfte. Um an der Versöhnung zu arbeiten, brauchten sie nicht einmal nach Hause zurückzukehren – sie riefen ihre Väter einfach auf der Stelle an. Am nächsten Tag berichteten sie uns, dass sie sich mithilfe des tiefen Zuhörens und der liebevollen Rede mit ihren Vätern versöhnt hatten. Wer einem Menschen voll Mitgefühl zuhört, kann diesen Menschen zu seinem Freund machen, denn vielleicht hat dieser sonst niemanden, der ihm zuhört und ihm die Erleichterung verschafft, die er dringend braucht. So wird man zum Bodhisattva, zu einem Wesen, das Leiden beendet. Man verliert einen Feind und gewinnt einen Freund.

Vier

In Plum Village hat uns einmal ein junger Mann besucht. Eines Tages wurde er gebeten, alle wunderbaren Eigenschaften seiner Mutter aufzuschreiben. Andere bekamen die gleiche Aufgabe. Richard glaubte nicht, mehr als drei Zeilen zu Papier bringen zu können, und sagte: „Mein Vater hat viele gute Eigenschaften, meine Mutter hingegen nicht." Dennoch führte er die Übung aus wie alle anderen auch und stellte nach einigen Tagen überrascht fest, dass die Liste recht lang geworden war.

Ich glaube, dass Richards Mutter ihn irgendwann einmal sehr verletzt hatte, sodass er deshalb ihre anderen, wunderbaren Eigenschaften nicht mehr wahrnehmen konnte. Führen wir uns einmal das Bild eines sterbenden Baumes vor Augen. Wenn Sie in Ihrem Garten einen Baum sterben sehen, könnte Ihnen vielleicht der Gedanke kommen, dass alle Bäume sterben; aber das stimmt nicht. Unsere Wahrnehmungen täuschen uns oft und stehen der Erkenntnis im Weg. Wir müssen objektiv sein und alle Aspekte der Realität berühren. Wir dürfen nicht zulassen, dass uns unsere eigene Perspektive den Blick auf das gesamte Bild verstellt.

Mithilfe der Sangha gelang es Richard, die Übung zu Ende zu führen. Danach schrieb er – auch das war Teil seiner Aufgabe – seiner Mutter einen sehr lieben, heilenden Brief, in dem er ihr sagte, wie stolz er darauf sei, eine solche Mutter zu haben. Später erfuhr Richard von seiner Frau, wie sehr dieser Brief seine Mutter bewegt hatte. Nie zuvor hatte Richard so liebevolle Worte für seine Mutter gefunden. So wurde ihr durch das Dharma ein neuer Sohn voll Liebe und Verständnis gegeben, und Richard fand eine neue Mutter. Diese neue Mutter war Richard aus dem tieferem Schauen entstanden. Durch die Praxis des tieferen Schauens offenbarte sich ihm seine Mutter in ihrem wahren Wesen.

Nachdem seine Mutter den Brief gelesen hatte, begann sie zu weinen und sagte zu Richards Frau, sie wünschte, ihre eigene Mutter wäre noch am Leben, damit sie ihr auch so einen Brief schreiben könnte. Richard, der zu dieser Zeit noch in Plum Village war, um zu praktizieren, schrieb einen weiteren Brief: „Mama, glaub ja nicht, dass es Großmutter nicht mehr gibt. Sie lebt in Dir und mir fort. Ich kann jederzeit mit ihr in Berührung kommen, genau wie mit Dir. Ich bin die Fortsetzung von Großmutter und Dir. Schreib doch einfach den Brief, und Großmutter wird ihn gleich bekommen und lesen. Du brauchst ihn nicht einmal in den Briefkasten zu stecken." Diese Erkenntnis erwuchs ihm aus der Lehre und der Praxis und stimmt mit der tiefen Lehre des Buddha überein.

Wir alle müssen dies erkennen und erlernen. In unserer Gegenwart sind all unsere Vorfahren gegenwärtig. In uns leben sie weiter. Jedes Mal, wenn wir lächeln, lächeln auch all die Genera-

tionen unserer Vorfahren, unsere Kinder und
die künftigen Generationen, die wir in uns tragen. Wir praktizieren nicht nur für uns selbst,
sondern für sie alle. Der Strom des Lebens setzt
sich fort. Richards Mutter schrieb einen heilenden Brief an ihre Mutter und weinte dabei
Tränen des Glücks. Als ihre Mutter noch gelebt hatte, kannte Richards Mutter die Kunst
des achtsamen Lebens noch nicht. Mutter und
Tochter machten beide Fehler und verletzten
einander. Das tat Richards Mutter später sehr
leid und stand ihrem Glück im Wege. Mit dem
Brief wurde das Hindernis endlich aus dem
Weg geräumt.

Wenn Sie Fehler begangen und Menschen, die
Sie lieben, Kummer zugefügt haben, brauchen
Sie nicht zu verzweifeln, nur weil diese Menschen nicht mehr am Leben sind. Sie können
die Wunde, die in Ihnen klafft, noch immer
heilen. In Ihnen lebt der Mensch, den Sie tot
glauben, nämlich weiter. Sie können ihn zum

Lächeln bringen. Nehmen wir an, Sie haben Ihrer Großmutter, als sie noch lebte, aus Unachtsamkeit etwas gesagt, das sie traurig gemacht hat, und das tut Ihnen nun leid. Setzen Sie sich hin, atmen Sie achtsam ein und aus und rufen Sie sich Ihre Großmutter vor Augen, wie sie bei Ihnen sitzt. Sagen Sie: „Großmutter, es tut mir leid. Ich will nie wieder so etwas zu dir oder einem anderen Menschen sagen, den ich gern habe." Wenn Sie dabei aufrichtig, konzentriert und äußerst achtsam sind, sehen Sie, wie sie in Ihnen lächelt. Die Wunde heilt. Fehler entstehen aus Ungeschick oder Unachtsamkeit, haben also ihre Ursache in der Geisteshaltung. Da jedoch alles aus ihr entsteht, kann auch alles durch die Geisteshaltung beseitigt und umgeformt werden. Das ist die Lehre des Buddha.

Auch wenn wir glauben, dass die Vergangenheit vorbei und die Zukunft noch nicht da ist, erkennen wir doch beim tiefen Schauen, dass die Wirklichkeit diese Trennung überwindet. Die

Vergangenheit besteht in Gestalt der Gegenwart weiter, denn die Gegenwart ist aus der Vergangenheit entstanden. Dieser Lehre nach müssen wir uns nur fest im Jetzt verwurzeln und den gegenwärtigen Augenblick tief berühren, so können wir damit auch die Vergangenheit berühren und haben sogar die Macht, heilend auf die Vergangenheit einzuwirken. Das ist eine wunderbare Lehre und Praxis: Wir brauchen unsere Verletzungen und Wunden nicht für alle Zeiten mit uns herumzutragen. Wir sind alle manchmal unachtsam und haben in der Vergangenheit Fehler begangen. Das heißt jedoch nicht, dass wir nun für immer mit dieser Schuld beladen sind und nichts ändern können. Berühren Sie die Gegenwart tief, dann berühren Sie die Vergangenheit. Die Praxis des Neuanfangs ist eine Übung des Geistes. Wenn Sie sich des Fehlers, den Sie gemacht haben, erst einmal bewusst werden, beschließen Sie, diesen Fehler nie wieder zu begehen. Damit ist die Wunde geheilt – eine wunderbare Praxis.

FÜNF

Zeremonien der Versöhnung und Wertschätzung

Mit den Füßen der Eltern gehen

Wenn Sie gehen, für wen gehen Sie dann eigentlich? – Sie gehen, um von einem Platz zum anderen zu gelangen. Sie können das Gehen aber auch als meditative Opfergabe betrachten. Es ist eine schöne Sitte, für die eigenen Eltern oder für die Großeltern zu gehen, die vielleicht nicht mit der Praxis des achtsamen Gehens vertraut waren. Vielleicht hatten Ihre Vorfahren ihr ganzes Leben lang nie die Gelegenheit, friedlich und glücklich auszuschreiten und in der Gegenwart Fuß zu fassen. Das ist sehr zu bedauern, doch wir können dafür sorgen, dass dies nicht so weitergeht.

All unsere Vorfahren und alle zukünftigen Generationen sind in uns gegenwärtig. Befreiung

71

ist keine Sache des Einzelnen. Solange die Vorfahren in uns weiterleiden, können auch wir nicht glücklich sein, und wir werden dieses Leiden wiederum an unsere Kinder und Kindeskinder weitergeben.

Jetzt ist die Zeit gekommen, unsere Vorfahren und zukünftige Generationen zu befreien. Dazu müssen wir uns selbst befreien. Gelingt es uns, voller Freude den ersten Schritt zu tun, indem wir die Erde achtsam berühren, können wir auch einhundert Schritte tun. Das tun wir nicht nur für uns, sondern für alle vorausgegangenen und nachfolgenden Generationen. So kommen wir gemeinsam an und finden gemeinsam Frieden und Glück!

Wenn Sie nun voranschreiten, stellen Sie sich vor, dass Ihre Mutter diesen Schritt mit Ihnen gemeinsam geht. Das ist nicht schwierig, denn Sie wissen ja, dass Ihre Füße eine Fortsetzung der mütterlichen Füße sind. Beim Praktizieren des tiefen Schauens entdecken wir die Gegenwart unserer Mutter in jeder Zelle unseres Körpers. Auch unser Körper ist eine Fortführung des Körpers unserer Mutter. Wenn Sie also einen Schritt tun, sagen Sie: „Mutter, geh mit mir!" Und plötzlich spüren Sie, wie sie in Ihrem Inneren mit Ihnen geht. Vielleicht fällt Ihnen auf, dass Ihre Mutter zu Lebzeiten nicht viel Gelegenheit hatte, im Hier und Jetzt spazieren zu gehen und mit Genuss die Erde zu berühren wie Sie, und unversehens entsteht in Ihnen Mitgefühl und Liebe. Das liegt daran, dass Sie Ihre Mutter mit Ihnen gehen sehen – nicht nur als Vorstellung, sondern in Wirklichkeit. Sie können auch Ihren Vater zu einem solchen Spaziergang einladen. Vielleicht möchten Sie noch andere Menschen, die Ihnen ans Herz gewachsen sind, auffordern, mit Ihnen im Hier und Jetzt zu gehen, ohne physisch anwesend sein zu müssen. Wir sind die Fortsetzung unserer Vorfahren – unsere Vorfahren sind in jeder unserer Körperzellen gegenwärtig. Wenn wir also friedlich vorwärtsschreiten, wissen wir, dass all unsere Vorfahren mit uns voranschreiten. Millionen Füße führen dieselbe Bewegung aus. Mit moderner Videotechnik könnte man so etwas vielleicht bildlich darstellen. Tausende Füße schreiten gemeinsam voran. Selbstverständlich kann auch Ihr Geist das vollbringen. Im Geiste können Tausende, ja Millionen Vorfahren den gemeinsamen Schritt mit Ihnen tun. Diese Praxis mit ihrer Visualisierung macht Schluss mit dem Glauben und der Vorstellung, jeder Mensch sei ein getrennt existierendes Einzelwesen. Wenn Sie selbst voranschreiten, schreiten alle anderen mit.

So können Sie auch mit den Füßen Ihrer Mutter laufen. Arme Mutter, sie hatte nicht viel Gelegenheit zum Spazierengehen. Sie können sagen: „Mutter, möchtest du mit mir einen Spaziergang machen?", und schon gehen Sie mit ihr los, und Ihr Herz füllt sich mit Liebe. Sie befreien sich und sie gleichzeitig, denn eigentlich ist Ihre Mutter ja Sie, ist in Ihnen, in jeder Zelle Ihres Körpers. Ebenso ist auch Ihr Vater in jeder Zelle Ihres Körpers gegenwärtig. Sie können also auch sagen: „Papa, willst du mit mir kommen?" Schon laufen Sie mit den Füßen Ihres Vaters. Es ist ein Vergnügen und es lohnt sich. Ich versichere Ihnen, es ist ganz leicht und kostet keinen Kampf und keine Überwindung. Machen Sie sich das bewusst, und es wird alles gutgehen.

Vielleicht möchten Sie sich auch für Ihre Mutter niedersetzen. Viele Mütter kommen nur selten dazu, sich gemütlich niederzulassen und nichts zu tun. Dies ist also eine ganz wichtige Aufgabe! Setzen Sie sich hin und atmen Sie achtsam. Auch das ist etwas, was Sie für Ihre Mutter tun können, ob diese nun noch unter den Lebenden weilt oder nicht, ob sie nah ist oder fern.

Nachdem Sie nun für diejenigen gegangen sind, die Ihnen lieb sind, können Sie nun auch für diejenigen gehen, die Ihnen das Leben schwer gemacht haben, für diejenigen, die Sie angegriffen haben, die Ihr Haus, Ihr Land, Ihr Volk zerstört haben. Sicherlich waren das keine glücklichen Menschen. Sie liebten weder sich noch andere Menschen genug und haben so Elend über Sie, Ihre Familie und Ihr Volk gebracht. Irgendwann jedoch wird es Ihnen möglich sein, auch für diese Menschen zu gehen. Wer das fertigbringt, wird zum Buddha, ein Bodhisattva, der erfüllt ist von Liebe, Verständnis und Mitgefühl.

Das erste Berühren der Erde

In der buddhistischen Tradition, der ich angehöre, üben wir täglich eine Praxis, die wir „Berühren der Erde" nennen. Sie hilft uns in vielerlei Weise und könnte auch Ihnen von Nutzen sein. Wenn Sie ruhelos sind oder es Ihnen an Selbstvertrauen fehlt, wenn Sie zornig oder unglücklich sind, können Sie niederknien und den Boden mit der Hand tief berühren. Berühren Sie die Erde, als wäre sie Ihr bester Freund.

Die Erde gibt es schon seit langen Zeiten. Sie ist unser aller Mutter und weiß alles. Als Buddha vor seinem Erwachen mit Zweifeln und Ängsten zu kämpfen hatte, bat er die Erde, seine Zeugin zu sein, indem er sie mit der Hand berührte. Die Erde erschien ihm als Mutter voller

Schönheit. In ihren Armen trug sie Blumen und Früchte, Bäume und Vögel, Schmetterlinge und viele andere Tiere, die sie Buddha darbot, und die Zweifel und Ängste des Buddha schwanden augenblicklich.

Wann immer Sie unglücklich sind, wenden Sie sich an die Erde und bitten Sie sie um Hilfe. Berühren Sie sie tief, so wie es Buddha tat, und plötzlich können auch Sie die Erde sehen mit all ihren Blumen und Früchten, Bäumen und Vögeln, ihren Tieren und all den Lebewesen, die sie hervorgebracht hat. Das alles bietet sie Ihnen dar.

Sie haben mehr Gelegenheiten, glücklich zu sein, als Sie je ahnten. Die Erde zeigt Ihnen ihre Liebe und ihre Geduld. Sie sieht Ihr Leid und steht Ihnen bei. Sie beschützt Sie und nimmt Sie wieder in ihre Arme auf, wenn Sie sterben.

Bei der Erde können Sie sich ganz sicher fühlen. Sie ist immer da und zeigt sich Ihnen in ihren wunderbaren Ausdrucksformen: in den Bäumen, Blumen, Schmetterlingen und dem Sonnenschein. Immer wenn Sie müde oder traurig sind, tut Ihnen das Berühren der Erde gut. Es wirkt heilend und gibt Ihnen Ihre Lebensfreude zurück.

In Plum Village, wo ich lebe, haben wir eine Praxis namens das Fünffache Berühren der Erde eingeführt. Zuerst verneigen wir uns vor unseren Eltern und Vorfahren. Das Berühren der Erde hilft uns, zur Erde und unseren Wurzeln zurückzukehren, um zu erkennen, dass wir nicht alleine sind, sondern mit unseren Vorfahren in einem geistigen und körperlichen Strom verbunden. Wir berühren die Erde und lassen die Vorstellung los, dass wir von allem getrennt sind. Wir machen uns bewusst, dass wir die Erde sind und damit Teil des Lebens.

Beginnen Sie diese Praxis, indem Sie die Handflächen vor der Brust in Form einer Lotosknospe zusammenlegen. Dann lassen Sie sich sanft zu Boden gleiten, sodass Arme, Beine und die Stirn bequem auf dem Boden ruhen. (Sollte das unbequem sein, können Sie auch den ganzen Körper auf dem Boden ausstrecken. Sie können auch sitzen oder stehen bleiben.) Wenn Sie die Erdberührungshaltung eingenommen haben, wenden Sie die Handflächen nach oben, um damit Ihre Offenheit für die Drei Juwelen: Buddha, Dharma und Sangha, zu zeigen. Atmen Sie all die Kraft und Beständigkeit der Erde ein und lassen Sie beim Ausatmen die Anhaftung an jegliches Leiden los. Es ist eine wunderbare Übung, die unseren Wunsch vertieft, ein erleuchtetes Leben in Frieden und Harmonie mit uns selbst und anderen zu führen. Sie heilt tiefe Wunden in Körper und Geist. Das Berühren der Erde können wir entweder allein oder gemeinsam mit anderen praktizieren.

Dann bestimmen wir eine Person, die folgende Worte laut vorliest:

Ich sehe meine Mutter und meinen Vater, deren Fleisch, Blut und Lebenskraft meine Adern durchströmen und jede meiner Zellen nähren. Durch sie sehe ich meine vier Großeltern. Ihre Erwartungen, ihre Erfahrungen und ihre Weisheit wurden über viele Generationen von Vorfahren hinweg übermittelt. In mir trage ich das Leben, das Blut, die Erfahrung, die Weisheit, das Glück und den Kummer all dieser Generationen. Ich übe mich darin, das Leiden und alle Teile dieses Erbes, das verwandelt werden muss, zu wandeln. Ich öffne mein Herz und das Innerste meines Körpers, um die Kraft der Erkenntnis, der Liebe und Erfahrung in mich aufzunehmen, die mir all meine Vorfahren weitergereicht haben. In meinem Vater, meiner Mutter, meinen Großvätern und Großmüttern und all meinen Vorfahren kann ich meine Wurzeln erkennen. Ich weiß, dass ich die Fortsetzung dieses Stammes bin. Ich bitte euch, stützt mich und schützt mich mit der Kraft, die ihr an mich weitergebt. Ich weiß, dass dort, wo es Kinder und Enkel gibt, auch Vorfahren sind. Ich weiß, dass Eltern ihren Kindern und Kindeskindern stets beistehen, auch wenn ihnen dies im Alltag nicht immer gelingt, weil sie selbst mit Schwierigkeiten zu kämpfen haben. Ich erkenne, dass meine Vorfahren sich um ein Leben bemühten, das gegründet war auf Dankbarkeit, Freude, Vertrauen, Achtung und liebevolle Zuwendung. In Fortsetzung dieses Bestrebens verbeuge ich mich tief und lasse ihre Kraft durch mich hindurchfließen. Ich bitte meine Vorfahren um Hilfe, Schutz und Stärke.

Das Schreiben eines Liebesbriefs

Die guten Eigenschaften, die in unseren Eltern oder Kindern heranwachsen, sind wie Blumen. Um sie zu bewässern, können wir einen Brief verfassen. Wir bewässern die positiven Samen des Glücklichseins, der liebevollen Zuwendung, des Verzeihens und der Freude. Das bezeichnen wir als die Praxis des selektiven Wässerns. Nur die Blumen bekommen Wasser, nicht der Abfall, denn wir wollen die Blumen im anderen Menschen zum Erblühen bringen. Wenn wir jemand anderes zum Lächeln bringen, kommt das auch uns selbst zugute. Auf das Ergebnis unserer Übung brauchen wir nicht lange zu warten. Man bringt jemanden zum Lächeln, weil man etwas zu seinem Glück beigetragen hat.

Dies können wir praktizieren, wenn wir jemanden lieben. Es ist nicht schwer, in einen Menschen hineinzuschauen und die positiven Samen zu erkennen, die jeder von uns in sich trägt. Glücklichsein ist keine Sache des Einzelnen. Das Glück unserer Eltern und unserer Kinder macht uns glücklich. Deshalb praktizieren wir und zaubern so ein Lächeln auf das Gesicht des Menschen, den wir lieben. Das schaffen wir, weil wir schon lange mit diesem Menschen gelebt haben und seine Stärken und Schwächen und seine positiven Samen kennen. Worauf warten wir noch?

Wenn Sie Probleme mit einem Elternteil oder mit einem Kind haben, kann es auch einmal nötig sein, im stillen Kämmerlein einen Brief an den Betreffenden zu verfassen. Nehmen Sie sich drei Stunden Zeit, einen Brief in liebevoller Rede zu schreiben. Während Sie schreiben, versuchen Sie, tief in diese Beziehung hineinzublicken. Warum ist die Verständigung schwierig geworden? Warum kann man nicht miteinander glücklich sein? So könnten Sie anfangen:

„Mein lieber Sohn (oder auch: Tochter, Mutter, Vater, ...),
ich weiß, Du hast in den letzten Jahren viel gelitten. Ich habe Dir nicht helfen können – im Gegenteil, ich habe die Lage verschlimmert. Es ist nicht meine Absicht, Dir Schmerz zuzufügen. Vielleicht fehlt es mir einfach an Geschick. Vielleicht will ich Dir meine Ideen aufzwingen und lasse Dich deshalb leiden. Als Dein Vater möchte ich nicht, dass Du leidest. Bitte hilf mir. Sag mir bitte, wann ich mich in der Vergangenheit ungeschickt verhalten habe, damit ich Deinen Schmerz nicht verlängere, denn wenn Du leidest, leide ich auch. Ich brauche Deine Hilfe, lieber Sohn (oder Tochter, Mutter oder Vater).

Als Eltern und Kinder sollten wir miteinander glücklich sein, und ich will alles tun, dass das möglich wird. Ich verspreche Dir, mich zu bemühen, nichts mehr zu sagen oder zu tun, das Dir Leiden verursacht. Aber Du musst mir helfen. Allein schaffe ich es nicht. In der Vergangenheit habe ich jedes Mal, wenn ich litt, versucht, Dich zu strafen oder Dinge zu sagen, die Dir Leid verursachten. Ich glaubte, das würde mir Erleichterung verschaffen, aber ich hatte Unrecht. Jetzt ist mir klar, dass alles, was ich sage oder tue und was Dich leiden lässt, auch mir Leid verursacht. Ich bin entschlossen, dies nicht mehr zu tun. Bitte hilf mir."

Nehmen Sie sich drei Stunden – wenn es nötig ist, auch einen ganzen Tag – um einen solchen Brief zu schreiben. Sie werden merken, dass Sie am Ende des Schreibens nicht mehr derselbe Mensch sind, der Sie am Anfang waren. Friede, Verständnis und Mitgefühl haben Sie verwandelt. Binnen 24 Stunden kann ein Wunder geschehen. Das ist die Praxis der liebevollen Rede.

Meditation des Umarmens

Der Verstand sagt uns zwar, dass nichts Bestand hat, doch wir verhalten uns meist, als wären die Dinge und Menschen in unserem Leben von Dauer. Gelingt es uns jedoch, uns jede Minute von Neuem bewusst zu machen, dass nichts Bestand hat, dann verfügen wir über Weisheit und Glück.

Wir alle leben in Ungewissheit. Wir wissen nicht, was die Zukunft bringt. Es können uns Unfälle zustoßen. Einer unserer Lieben könnte plötzlich von einer unheilbaren Krankheit befallen werden und sterben. Wir wissen auch nicht, ob wir selbst morgen noch am Leben sind. All das gehört zur Nichtbeständigkeit. Unter diesem Gefühl der Ungewissheit leiden wir. Wie können wir damit umgehen? Wie praktizieren wir? Ich glaube, wir müssen lernen, tief im gegenwärtigen Augenblick zu leben. Dann können wir ohne Reue den Weg in die Zukunft gehen. Wir sind uns bewusst, dass wir selbst und unser Gegenüber beide lebendig sind. Wir schätzen den Augenblick und tun, was uns möglich ist, um dem Leben Bedeutung zu geben und den anderen Menschen in diesem Augenblick glücklich zu machen.

Für den Fall, dass wir zornig aufeinander sind, schlage ich die Meditation der Umarmung vor. Selbstverständlich kann man sie auch anwenden, wenn man sich nicht übereinander ärgert. Wir schließen die Augen, holen tief Luft und stellen uns uns selbst und den geliebten Menschen in dreihundert Jahren vor. So gesehen, kann das einzig Sinnvolle nur sein, den anderen fest in die Arme zu schließen. Wenn Sie jemanden umarmen, atmen Sie zunächst ein und wieder aus, um sich die Nichtbeständigkeit des

Lebens zu vergegenwärtigen. „Einatmend weiß ich, dass das Leben in diesem Augenblick kostbar ist. Ausatmend schätze ich diesen kostbaren Augenblick." Sie lächeln Ihr Gegenüber an und geben ihm zu verstehen, dass Sie ihn in die Arme schließen wollen. Das gehört zur Praxis und ist gleichzeitig ein Ritual. Wenn Sie Körper und Geist in voller Gegenwärtigkeit zusammenbringen und mit Leben anfüllen, wird daraus ein Ritual.

Wenn ich ein Glas Wasser trinke, dann bringe ich mich zu hundert Prozent in das Trinken ein. Jeden Moment des täglichen Lebens so zu erleben, das müssen Sie üben. Umarmen ist eine tiefe Praxis. Um sie richtig auszuführen, müssen Sie ganz gegenwärtig sein. Beim Öffnen der Arme, um den anderen Menschen zu umfassen, führen Sie drei achtsame Atemzüge aus. „Einatmend weiß ich, dass der andere in meinen Armen am Leben ist. Ausatmend durchströmt mich ein Glücksgefühl."

In diesem Augenblick gewinnt das Leben an Realität. Architekten sollen Flughäfen und Bahnhöfe so bauen, dass genügend Platz zum Umarmen bleibt. Das Umarmen lässt sich auch folgendermaßen praktizieren: Beim ersten Ein- und Ausatmen machen Sie sich bewusst, dass Sie und der geliebte Mensch beide am Leben sind. Beim zweiten Atemzug denken Sie daran, wo Sie beide wohl in dreihundert Jahren sein könnten, und beim dritten Atemzug kehren Sie zu der Erkenntnis zurück, dass Sie beide am Leben sind. Ihre Umarmung wird an Tiefe gewinnen, und ebenso Ihr Glück.

Über die Autoren

THICH NHAT HANH wurde in der Nähe der Stadt Hue in Zentralvietnam geboren und im Alter von sechzehn Jahren als Novize zugelassen. Während des Vietnamkrieges gründete er die *Schule der Jugend für Soziale Dienste* (SYSS), in der er junge Menschen zu Sozialarbeitern ausbildete. Diese sollten mithelfen, Dörfer wiederaufzubauen und Flüchtlingsunterkünfte zu errichten. Aufgrund dieser Aktivitäten musste er fortan in Frankreich im Exil leben. Während eines Aufenthalts in Nordamerika begegnete er unter anderem Thomas Merton und Dr. Martin Luther King, jr., der ihn für den Friedensnobelpreis nominierte. Im Jahr 1969 leitete Thich Nhat Hanh die vietnamesisch-buddhistische Friedensdelegation in Paris.

1982 gründete er *Plum Village*, ein buddhistisches Kloster und Praxiszentrum im Südwesten Frankreichs, wo er noch immer lebt und unterrichtet. Auf zahlreichen Reisen durch die ganze Welt hält Thay („Lehrer"), wie ihn seine Studenten und Freunde nennen, Reden und leitet Retreats. Er lehrte außerdem an der Columbia University, der Cornell University und an der Sorbonne. 2005, nach beinahe vierzig Jahren im Exil, kehrte er für einen Besuch nach Vietnam zurück.

BETSY ROSE ist eine weltweit bekannte Sängerin, Liedermacherin, Friedensaktivistin und Mutter. Ihre Lieder gründen auf der Poesie und den Lehren Thich Nhat Hanhs. Neben Ihrer Musik leitet sie mit anderen ein Praxisprogramm für Familien am *Spirit Rock Meditation Center* in Kalifornien und veranstaltet Musikfeste für Frauen, Kinder und Gruppen, die sich für Frieden und Gerechtigkeit einsetzen. Mit ihrer Aufnahme *Calm Down Boogie* möchte sie vor allem Kinder und Familien erreichen, um ihnen einfache Übungen des Atmens und der Achtsamkeit näherzubringen. Sie lebt mit ihrem Partner David Stark und ihrem Sohn Matthew in Berkeley, Kalifornien.

Thich Nhat Hanh inspiriert

Thich Nhat Hanh
Lächle deinem eigenen Herzen zu
Wege zu einem achtsamen Leben
Band 4883
Die tiefe Botschaft an Menschen, die in der Hektik
des Alltags beim Gehen schon ans Rennen denken.

Thich Nhat Hanh
Schritte der Achtsamkeit
Eine Reise an den Ursprung des Buddhismus
Band 4890
Das Buch zum Film. Mit eindrucksvollen s/w-Fotos.

Thich Nhat Hanh
Umarme Dein Leben
Das Diamantsutra verstehen
Band 4973
Eine Anleitung zum Erkennen des illusionären
Charakters unserer Weltwahrnehmung.

Thich Nhat Hanh
Zeiten der Achtsamkeit
Band 5922
In der Achtsamkeit liegt der Weg zur Veränderung
im Alltag.

HERDER spektrum

Thich Nhat Hanh
Das Herz von Buddhas Lehre
Leiden verwandeln – die Praxis des glücklichen Lebens
Band 5412
Die praktische und profunde Erschließung eines uralten geistigen Wegs.

Thich Nhat Hanh
Jesus und Buddha – Ein Dialog der Liebe
Band 5581
Sie gehen einen gemeinsamen Weg. Ein Brückenschlag zwischen den Religionen.

Sich öffnen für den Augenblick
Mystik im Alltag
Band 5594
Autoren: Thomas Merton, Robert Lax, Dorothee Sölle, Thich Nhat Hanh, u. a.

Manfred Folkers
Gib deiner Zeit mehr Leben
Entschleunigung als Weg zum Glück
Band 5615
Das wirksame Buch gegen geistlose Hektik, geschrieben von einem Schüler Thich Nhat Hanhs.

HERDER spektrum

Thich Nhat Hanh
Das Herz des Kosmos
Die Weisheit des Lotos-Sutra
Band 28468

Wie können Achtsamkeit, Mitgefühl und Liebe
gelebt werden – zum Wohle des Einzelnen und der
Welt? Das lang erwartete Hauptwerk eines der
großen spirituellen Meisters unserer Zeit.

Thich Nhat Hanh
**The Art of Power –
Die Kunst, mit Macht richtig umzugehen**
Band 29812

Thich Nhat Hanh beschreibt fünf Quellen einer
Macht, die natürliche Autorität und gelassene Führung
beinhaltet: Glauben und Vertrauen, Hingabe, Einsicht,
Achtsamkeit und Konzentration.

Inspirationsbuch 2009
Kraft schöpfen, Leben genießen
Hg. von Gabriele Hartlieb
Band 6026

Vom Glück, die eigene Stärke zu entdecken und die
Leichtigkeit wieder zu gewinnen. Mit Texten von
Anselm Grün, Verena Kast, Thich Nhat Hanh, Karl-
heinz Geißler u. v. a. m.

HERDER